INSTRUCTION

POUR

L'ARMÉE DU ROI,

COMMANDÉE
PAR MR. LE MARÉCHAL
DUC DE BROGLIE,

A FRANCFORT,

CHEZ LES FRERES VAN DUREN.

M. DCC LX.

L'importance d'assurer dans l'Armée du Roi, par tous les moyens possibles la plus exacte discipline, a fait sentir la nécessité de suppléer à ce que les Ordonnances n'ont pû prévoir, en conséquence Mr. le Maréchal DUC DE BRO-GLIE a fait dresser la présente Instruction, & en ordonne l'exécution la plus précise.

ARTICLE I.
Des Officiers Généraux.

1. Mrs. les Officiers Généraux se conformeront avec exactitude aux Ordonnances du Roi en ce qui les concerne, & feront exécuter avec soin celles qui réglent le Service de l'Infanterie & de la Cavalerie en campagne.

2. On aura foin de leur marquer des logemens qui puiffent les mettre à portée de veiller continuellement fur les Divifions auxquelles ils feront attachés, ainfi qu'il fera expliqué ci-après.

ART. II.

Du Major - Général & du Maréchal-Général des Logis de la Cavalerie.

1. Le Major-Général & le Maréchal-Général des Logis de la Cavalerie rendront exactement compte à Mr. le Maréchal de tout ce qui fe paffera dans l'Armée, concernant le fervice & la difcipline.

2. Ils lui remettront journellement un Etat des Gardes & des Détachemens, & tous les mois un Etat de la force des différens Régimens.

ART. III.

Des Aides - Majors Généraux & des Aides-Maréchaux des Logis de la Cavalerie

1. Mrs. les Aides - Majors Généraux & Aides-Maréchaux des Logis de la Cavalerie s'occuperont essentiellement de la discipline en général , de la propreté du Camp, & de la conservation des ouvrages que Mr. le Maréchal aura ordonnés, & ils rendront compte à Mr de Cornillon & à Mr. le Comte de Lameth de ce qu'ils verront faire de contraire sur ces différens objets.

2. Comme il est souvent arrivé que les ordres adressés aux Troupes ne sont point exécutés avec cette exactitude si précieuse à la Guerre, Mrs. les Aides-Majors Généraux de l'Infanterie & Aides-Maréchaux des Logis de la Cavalerie feront mention dans tous les ordres qu'ils enverront, de l'heure à laquelle ils auront été expédiés.

3. Les Chefs & Aides de l'Etat-Major de l'Infanterie & de la Cavalerie, étant par état chargés de veiller à la discipline & à l'exécution des ordres, en répondront personnellement à Mr. le Maréchal ; si par complaisance ou connivence ils manquoient à lui rendre compte des contraventions qui feroient faites à ses ordres, & de ceux qui les auroient commises.

ART IV.

Des Commandants des Corps , & des Officiers de l'Etat-Major des Régimens.

1. Mrs. le Commandants des Corps & Mrs. les Officiers de l'Etat-Major des Régimens feront personnellement responsables de la discipline générale de leurs Corps. Mr le Maréchal les prévient qu'il ne pourra s'en prendre qu'à eux , s'ils n'exécutent pas & ne font pas exécuter avec la plus scrupuleuse exactitude, les or-

donnances du Roi, la préfente inftruction & les différens ordres qui feront donnés pendant le cours de la campagne.

2. Les Majors des divifions dont il fera parlé ci-après, feront mention dans leurs reçus des ordres qu'ils recevront de l'heure à laquelle ils auront reçus lefdits ordres. Ces reçus feront écrits avec de l'encre & non avec du crayon.

3. Comme il eft très-néceffaire que les Régimens ne foient point dépourvus d'Officiers - Majors, il en reftera toujours deux dans les Régimens de quatre Bataillons, & un dans ceux de deux bataillons ; ainfi lorfqu'il n'y aura pas affez d'Officiers - Majors pour accompagner les Officiers fupérieurs qui feront de fervice, il fera commandé un Lieutenant pour marcher avec eux.

ART. V.

Des Officiers Subalternes.

M^rs. les Officiers Subalternes répondront en toute occasion des Troupes à leurs ordres ; ils ne sçauroient donc trop s'occuper des moyens de les contenir en gens de guerre, & de leur inspirer par leur exemple le meilleur esprit d'ordre & de discipline.

ART. VI.

Des Bas Officiers.

Sous le nom de Bas-Officiers, on comprend les Fouriers, les Brigadiers, les Sergens & les Caporaux, ils vivent continuellement avec le Soldat, le Cavalier, le Dragon & le Huffard : ainsi rien de ce qu'ils font ne peut leur échaper, ils rendront donc aux Officiers de leurs Compagnies, & à ceux de l'Etat-Major le compte le plus exact de ce qu'ils leur verront faire de contraire à la Difcipline, & ils feront punis le plus exemplairement, fi par foibleffe ou par confidération ils cachoient les fautes qu'ils pourroient faire.

ART. VII.

De la Divifion & du Service de l'Armée pendant la Campagne.

1. Les deux Lignes d'Infanterie de l'Armée feront divifées pendant toute la campagne en quatre Divifions.

Chaque Divifion fera compofée du quart des Brigades de premiere & feconde Ligne ; elles feront nommées une fois à l'Ordre au commencement de la campagne, & cela ne changera plus enfuite.

Chaque Aîle de Cavalerie ne formera qu'une Divifion.

Chaque Divifion fera commandée par un Lieutenant-Géneral, qui fera de même nommé pour toute la campagne, il aura sous lui d'autres Officiers Généraux.

Et en cas que le Lieutenant-Général commandant la Division, fut absent, l'Officier Général de la Division le plus ancien la commandera, sans que ceux de la Division la plus prochaine puiffent en aller prendre le commandement, à moins d'un ordre exprès du Général.

Le Lieutenant - Général commandant la Division, fera chargé de tout le détail qui la concerne, difcipline, Police, marche, communication, Gardes & Fourages; ce fera à lui que les Brigadiers & Colonels rendront compte de tout, & par lui que tous les ordres leur parviendront.

2. Comme l'éloignement des Villages pourroit faire que ce Lieutenant-Général fût logé à quelque diftance de la Division, ce à quoi il fera remédié, autant que cela fera poffible, par

les marqueurs, & que cet éloignement
pourroit caufer du retardement dans
l'exécution des Ordres envoiés par
le Général ; pour obvier à cet inconvénient, le plus ancien Major de chaque Divifion aura fa tente tendue en
avant de l intervalle des deux Brigades
de premiere ligne de fa divifion à
cent pas du front de bandiere ; ce
fera à lui que tous les ordres venant
du Général feront aportés ; il en rendra compte fur le champ au Lieutenant-Général, & il le diftribuera aux
Majors des différens Régimens de la
Divifion, fera affembler les Détachemens qui pourront être demandés, &
exécuter l'ordre tel qu'il lui aura été
envoié.

Il fe tiendra près de ce Major un
Sergent d'ordonnance de chacune des
Brigades de la divifion, par lequel il
leur fera paffer fur le champ & promptement les ordres qu'il aura à leur envoier,

Il aura outre cela un Officier d'ordonnance toujours prêt à aller porter
au Lieutenant - Général les ordres &
les nouvelles que le Major de la division pourroit avoir à lui faire paſſer.

Il y aura deux Brigades d'Infanterie
deſtinées à couvrir les flancs de chaque
aîle de Cavalerie.

3. Afin d'accélérer de plus en plus
le ſervice, & de diminuer la fatigue
de l'Infanterie, il partira chaque jour
de chaque aîle de Cavalerie, à l'heure
où l'on battra la Garde, deux Détachemens de huit Cavaliers chacun, qui ſe
rendront chacun à la tente des quatre
Majors des Diviſions d'Infanterie pour
les Ordonnances.

De ces huit Cavaliers, les Majors
des diviſions en enverront ſur le
champ deux chez le Général, pour leur
rapporter, pendant la journée, les ordres qu'il pourroit avoir à leur envoier. Des ſix autres, il en enverra

deux

deux à chacune des grandes Gardes que la division fournit, & il en garde- ra deux auprès de lui ; si la division fournissoit plus de deux Gardes, il n'enverroit qu'un Cavalier avec chacu- ne, devant toujours garder près de sa tente deux Cavaliers.

Les Officiers de garde se serviront de ces Cavaliers pour faire passer promptement aux Majors des divi- sions les nouvelles qu'ils pourroient avoir à leur mander ; & si cela étoit fort pressant, comme la marche d'un corps ennemi, &c. ils le manderoient en même-temps au Général.

Les Majors des divisions feront passer promptement les nouvelles in- téressantes au Major - Général & au Lieutenant - Général , commandant leurs divisions.

4. Il y aura aussi trois Ordonnan- ces de Cavalerie attachées à chacune des deux Brigades, qui couvriront les ailes de Cavalerie , dont l'une sera en-

voiée chez le Général, la seconde reftera chez le Major de Brigade, & la
troisiéme sera envoiée à la garde d'Infanterie, que la Brigade pourra fournir sur le flanc de l'Armée.

Il sera expressement défendu de se
servir de ces Ordonnances de Cavalerie à d'autres usages, ni pour d'autres
objets que ceux marqués ci-dessus.

Les jours de marche, les Ordonnances du Général marcheront à la tête
des campemens, & les six autres Cavaliers qui seront d'ordonnance chez
chaque Major des divisions marcheront à la tête du premier Régiment
de la division, & ne la quitteront
pas sans avoir été relevés auparavant
par un semblable nombre d'ordonnances.

La Cavalerie donnera en outre à
M. le Marquis de Bethune toutes les
Ordonnances qu'il jugera à propos de
demander, & il sera fourni par chaque aîle au Maréchal des Logis de la

Cavalerie, trois Ordonnances; il y aura aussi une Ordonnance de chaque ligne à la tente du Major, faisant le détail de chaque aîle de Cavalerie.

5. Il y aura tous les jours dans chaque division, un Maréchal de Camp ou un Brigadier, nommés pour être chargés sous le Lieutenant-Général, de la discipline de la division : il fera la visite du Camp, des Gardes, des communications & les Fourages , &c. Il ordonnera ce qu'il croira nécessaire, & en rendra compte au Lieutenant - Général Commandant, qui instruira le Général de tout ce qui pourra en valoir la peine.

6. Les Brigadiers seront chargés de veiller aux Gardes de leurs Brigades, à les faire retrancher & servir, à faire faire les communications en avant du Camp, & avec les Régimens de leur droite & de leur gauche; à faire faire les appels, & à faire exécuter dans leurs Brigades tous les ordres qui seront donnés.

Les Colonels auront les mêmes détails chacun dans leurs Régimens, & rendront compte de tout ce qui le méritera au Brigadier, celui-ci au Maréchal de Camp de sa division, & ce dernier au Lieutenant-Général Commandant.

7. Les Majors de Brigades ne viendront plus à l'ordre au Quartier-Général; il sera envoié par le Major - Général, & le Maréchal des Logis de la Cavalerie aux Majors des divisions & des aîles de Cavalerie. Ils le distribueront aux Majors des Régimens de leurs divisions, & ils feront le détail du service particulier de la division, qui sera séparée absolument de celui de tout le reste de l'Armée.

Les Majors de Brigade n'iront plus au campement, & marcheront avec leurs divisions & Brigades. Le plus ancien Major après le Major de Brigade, ou à son défaut un Aide-Major ira au campement.

8. Le jour de l'arrivée dans les Camps, les Officiers Généraux & Brigadiers des divisions placeront les Gardes, qu'ils jugeront à propos, & dès le lendemain matin le Major de la division en rendra un compte exact au Major - Général, ou au Maréchal des Logis de la Cavalerie, & tous les matins il lui enverra le détail des Gardes & Détachemens que la division a fournis dans les vingt-quatre heures, ainsi que les appels.

9. Pour accélérer l'assemblée des Détachemens, ils seront toujours fournis par divisions ou aîle de Cavalerie. Le Major de chaque division aura un tableau pour faire fournir chaque Brigade à son tour ; & le Major - Général, & le Maréchal des Logis de la Cavalerie en auront un pour égaliser le service des quatre divisions, & des deux aîles de Cavalerie, autant que cela sera possible & que le temps le permettra.

10. Pendant toute la campagne on n'avertira jamais à l'ordre qu'on devra marcher le lendemain ; il fera ordonné une fois pour toutes, que lorfqu'on battra la générale, toute l'Armée fe levera, & la Cavalerie fellera.

A l'affemblée on détendra, & la Cavalerie chargera, ainfi que les équipages ; & au Drapeau & à cheval tout fe mettra en bataille pour marcher incontinent après. Les équipages fe tiendront derrière leurs Régimens pour fuivre les Troupes dans le même ordre qu'elles auront marché. Il leur fera donné un Sergent & huit hommes par Bataillon pour efcorte ; les Régimens de deux Bataillons y mettront un Lieutenant, & ceux de quatre un Capitaine ; la Cavalerie donnera d'efcortes à fes équipages un Brigadier & huit Maîtres par Régiment.

11. Il fera formé par Brigade un Bataillon des Grenadiers & des Chaf-

feurs qui fera plus ou moins fort , à
proportion du nombre de Bataillons
qui compofera la Brigade.

La Compagnie de Grenadiers & la
Troupe de Chaffeurs de chaque Bataillon feront couplées enfemble , & formeront un peloton, & elles feront ran-
gées dans le Bataillon , dans le même
ordre, que les Bataillons dont elles for-
tent, le font dans la Brigade, & les
Chaffeurs feront rangés dans la Troupe
de Chaffeurs dans le même ordre que
les Compagnies le font dans le Bataillon , ceux de chaque Compagnie formant leur file.

Il y aura un Lieutenant Colonel
ou Commandant de Bataillon nommé pour commander pendant toute
la Campagne chaque Bataillon de
Grenadiers & Chaffeurs, & un Officier
défigné pour faire les fonctions de
Major.

Dès le premier jour de la Campagne , les Chaffeurs des deux Compagnies qui forment un peloton , fe-

ront chambrée enfemble , & il leur fera fourni une Tente & une marmitte de deux en deux Compagnies , ils camperont féparément à la gauche des Bataillons, & s'y placeront à la place du piquet , toutes les fois qu'on fe mettra en bataille.

Il fera auffi attaché à la Troupe de Chaffeurs, foit alternativement , foit à demeure , ainfi qu'il fera arrangé par les Colonels , un des huit chevaux de peloton pour porter leurs Tentes, & celles du peloton qui aura fourni le cheval , feront réparties fur les fept autres chevaux de pelotons du Bataillon.

ART. VIII.

Du fervice intérieure de l'In-fanterie.

1. On fera creufer deux latrines vingt pas en arrière de la garde du Camp & deux autres à cinquante pas en arrière des dernières Tentes des

Officiers. Ces latrines feront pour les Officiers, & les fentinelles du Camp, auront grand foin d'empêcher que perfonne n'aille ailleurs qu'aux latrines.

2. Les Gardes du Camp de la première ligne feront placée 130. pas en avant des faifceaux, au centre de chaque Bataillon, & celles de la feconde ligne à pareille diftance des dernieres tentes des Soldats.

3. Auffi-tôt que la Garde du Camp fera établie, elle travaillera à fe retrancher ; les Soldats que l'on devra punir pour des fautes ordinaires, feront employés à ce travail.

4. Les Gardes du Camp fourniront deux fentinelles en avanr de leurs poftes, vis-à-vis des aîles de chaque Bataillon, & une troifiéme aux armes. Ces fentinelles empêcheront qu'aucun Soldat ne forte du Camp, s'il n'eft conduit par un Officier, ou un Bas Officier.

Les Gardes du Camp ne fourni ront que les fentinelles dont il vient d'être parlé ; celle qui doit être placée chez le Colonel ou Commandant du Corps, fera fournie par les Piquets.

5. La Garde du Camp étant plutôt placée pour la police du Camp que pour la fûreté de l'Armée ; il lui fera donné une Tente dans laquelle les Soldats pourront fe repofer ; cette tente fera prife dans les Compagnies les plus foibles, fi les Régimens n'aiment mieux en faire la dépenfe ; alors elle fe fera portée par les chevaux de peloton chacun à leur tour.

5. A l'heure de la retraite, on tirera du piquet de chaque Bataillon une Garde qui fe placera devant les Drapeaux de ce Bataillon, elle fera aux ordres d'un Sergent & d'un Caporal, relevera toutes les fentinelles du Piquet & fera proportionnée au nombre de celles qu'elle aura à fournir, foit chez les Officiers fupérieurs, foit

pour enfermer le camp , & au nombre d'heures de faction qu'il y aura
à faire jufqu'à l'heure de l'affemblée
des Piquets le lendemain : alors les
Piquets releveront les fentinelles de
cette Garde , qui fera cenfée faite pour
les Sergens, Caporaux & Soldats , qui
l'auront montée.

Par cet arrangement , les Sergens ,
Caporaux , & Soldats de piquet iront
fe coucher dans leurs tentes.

7. Les Officiers de piquet , les
Sergens & les Caporaux de ces Gardes feront chargés de la police du
Camp pendant la nuit , & fe conformeront à cet égard à ce qui eft prefcrit dans l'ordonnance du Service de
campagne.

8. Les Soldats qui ont été de piquet pendant deux fois vingt-quatre
heures, n'étant pas en état de monter la
Garde & de faire des Détachemens ,
& la continuité de ce fervice occa-
fionnant des maladies , il fera commandé trois hommes par compagnie ,

qui feront nommés les premiers à marcher, & qui ne s'abfenteront jamais du camp, fous quelque prétexte que ce puiffe être, ce feront ce Soldats premiers à marcher, qui monteront les Gardes & qui formeront les Détachemens qui feront demandés.

Au moyen de quoi les Piquets ne feront de Service que pendant 24. heures, & ne ferviront plus qu'à fournir les fentinelles du camp, à y maintenir la police & à affifter aux exécutions.

9. S'il arrivoit une alerte pendant la nuit, les Soldats fe leveront promptement, prendront leurs fouliers & leurs gibernes, fe jetteront à leurs armes, & fe mettront en bataille. Les Officiers courreront avec la même promptitude à la tête de leurs Troupes, ayant attention de faire obferver le plus grand filence. Dans cette pofition, tout le monde attendra de nouveaux ordres.

ART.

ART. IX.

Des Marches.

1. L'Armée marchera ordinairement sur six Colonnes, chaque aîle de Cavalerie & chaque division d'Infanterie formera la sienne, la plus ancienne Brigade en ayant la tête, suivie des autres de premiere Ligne, & ensuite de celles de seconde dans le même ordre que celles de premiere.

La division de la droite de l'Infanterie sera nommée premiere division, & celles qui la suivront seconde, troisiéme, & quatriéme, en sorte que celle qui fermera la gauche sera la quatriéme.

La Cavalerie sera divisée par aîle droite & aîle gauche.

2. Lorsque l'Armée marchera sur quatre Colonnes, la premiere Ligne de chaque aîle droite de Cavalerie marchera avec la premiere division d'Infanterie, & la seconde Ligne avec la seconde division.

C

La premiere Ligne de l'aîle gauche de Cavalerie , marchera avec la quatriéme divifion , & la feconde avec la troifiéme.

3. La nature du pays réglera fi la Cavalerie devra avoir la tête ou la queue des Colonnes d'Infanterie : on en avertira dans l'ordre.

4. Les deux Brigades d'Infanterie deftinées à couvrir les flancs de la Cavalerie , marcheront à la tête ou à la queue de la Cavalerie fuivant la nature du pays , on en avertira à l'Ordre ; elles feront aux ordres de l'Officier Général , commandant l'aîle de Cavalerie à laquelle elles feront attachées.

Il y aura à la fuite de chaque divifion d'Infanterie , une divifion d'Artillerie qui marchera toujours à la fuite des Troupes.

Ainfi l'ordre de marche fera toujours , les Troupes , l'Artillerie , les menus Equipages & les gros Equipages.

Le gros Parc d'Artillerie marchera toujours par la Colonne qui sera la meilleure , & après le menus & gros Equipages de cette Colonne.

6. Les jours de marche , le Tambour & le Trompette de garde au Quartier - Général commenceront à battre la Générale & à sonner le Boutteselle au moment qu'il leur sera ordonné par le Major - Général , ils sortiront du Quartier-Général en battant & en sonnant, & iront jusqu'au plus prochain Régiment de la Ligne , aussi tôt le signal se donnera pour avertir tous les Tambours & Trompettes de se preparer à battre & sonner ; & le Régiment auquel le Trompette & le Tambour seront arrivés, commencera immédiattement après à battre la générale & sonner le Bouttesselle.

Afin qu'il y ait de l'uniformité dans la maniere de battre , & pour prévenir les longueurs & la fatigue des Tambours, qui devient très-grande dans les Régimens de quatre Bataillons, lorſqu'ils ſont obligés d'en parcourir deux fois tout le front , à chaque batterie au ſignal , les Tambours de chaque Bataillon ſe rendront devant les Drapeaux de leurs Bataillons, & là de pied ferme ils battront chaque batterie pendant trois minute , & prêteront attention pour commencer & finir tous à la fois.

7. Toutes les fois que la générale battra, les Grenadiers & les Chaſſeurs de chaque diviſion s'aſſembleront promptement à cent pas, en avant du camp, des Brigades de premiere Ligne de chaque diviſion, les nouvelles Gardes ſe formeront derriere eux , & les Gardes du Camp, & les grands & petits Campemens en trois Lignes ; il attendront là les ordres que le Général aura à leur donner.

8. Lorſque l'on ſonnera le bouttefelle , les Carabiniers de chaque aîle s'aſſembleront devant le centre de la

premiere Ligne de l'aîle, les Troupes de Carabiniers de chaque Brigade formant un Escadron, il sera nommé tous les jours de marche un Brigadier, un Colonel, & un Lieutenant Colonel pour commander les Carabiniers de chaque aîle, & on y attachera pour toute la campagne un Officier Major pour en faire le détail.

9. Toute l'Artillerie harnachera aussi-tôt que la générale battra, elle attelera à l'assemblée, & sans nouveaux ordres, chaque division suivra celle à laquelle elle est attachée lorsquelle se mettra en marche.

Si les chemins ne lui permettoient pas de suivre la division des Troupes, elle en seroit avertie par un billet particulier qui lui indiqueroit la route qu'elle devroit tenir.

10 Les jours de marche, aussi-tôt après que le drapeau aura été battu, & que les Troupes seront en bataille, l'on fera rompre les Régimens d'in-

fanterie par pelotons , par la droite ou par la gauche , fuivant le côté où fera le Régiment défigné pour avoir la tête de la Colonne , & on les fera marcher pour le joindre , obfervant de ne laiffer d'intervale d'un peloton à l'autre que trois pas , les Brigades de feconde Ligne viendront en même-tems joindre la premiere , & auffi-tôt que toute l'Infanterie qui devra com-pofer la Colonne fera ferrée , ainfi qu'il vient d'être dit , l'Officier Général en mettra la tête en mouvement , elle devra marcher toujours dans le même ordre pendant toute la journée , en-forte que les Troupes puiffent être en bataille en un inftant , dès qu'on bat-tra le drapeau.

Pour y parvenir , il fera défendu à Mrs. les Officiers , de quelque grade qu'ils foient , de marcher à cheval en-tre les Troupes ; ils obferveront de fe tenir fur le flanc de la Colonne à hauteur de leurs pelotons , il y aura toujours un Officier entendu qui précédera de cent pas chaque Régiment, pour reconnoître les passages sur la droite & la gauche des Ponts ou Communications & qui les indiqueront aux Officiers ; & s'il se trouvoit des défilés qu'ils fussent obligés de passer par le même endroit que les Troupes, alors les Officiers de chaque Bataillon se partageroient pour passer à la tête & à la queue , & ceux de la tête s'y porteroient au galop pour ne pas retarder la marche ; & aussi-tôt après le défilé passé, ils se jetteroient sur le champ sur les flancs de la Colonne.

Les chevaux de pelotons marcheront de même sur les flancs de leurs Bataillons, & éviteront autant qu'il sera possible d'entrer dans la Colonne, ainsi qu'il vient d'être dit plus haut pour les Officiers. Dans le cas qu'on fût obligé de faire arrêter un cheval de peloton pour quelque cause que ce puisse être, le Commandant du peloton ou de la Compagnie le fera accompagner par un Bas-Officier qui le fera rejondre le plutôt qu'il fera possible.

11. Si l'Officier Général commandant une Colonne, ne se trouvoit pas à l'heure qu'elle devra partir, celui qui se trouvera la commander dans ce moment, la mettra en marche afin de ne point faire attendre les Troupes. Il est bien sûr qu'un Officier Général qui ne se trouve pas à sa division à l'heure prescrite, ou est employé plus utilement ailleurs pour le service du Roi, ou est malade. Dans ce cas, il en sera rendu compte à Mr. le Maréchal à la fin de la marche par l'Officier Général qui aura conduit la Colonne à sa place.

12. Outre les Travailleurs qui auront été destinés à ouvrir les marches, il y en aura toujours cinquante par Brigade qui marcheront à la tête, pour être employés à raccommoder les communications ou Ponts qui auroient pû se gâter, Mrs. les Brigadiers seront char-

gés du foin de l'ordonner, & d'empêcher que leurs Brigades ne défilent, &
de tenir la main à ce qu'elles marchent
toujours fur le même front qu'elles feront parties.

Si cependant cela devenoit impof-
fible, ils auront la plus grande attention à ce que les Soldats paffent le défilé au pas redoublé, & fe reforment
dans l'inftant qu'ils en feront fortis.

Ils obferveront auffi de fuivre toujours le mouvement qui fera fait à la
tête, en forte que quand les pelotons
qui les précédent doubleront, ils faf-
fent doubler les leurs, & fucceffive-
ment les divifions; & lorfque la premiere Ligne fe mettra en bataille, la
feconde s'y mette auffi fur le champ.

13. Toutes les fois qu'on fera halte, les Troupes fe formeront par
quatt de rang de Bataillon, & pour
peu qu'elle dût être longue, ou qu'on
fût proche de l'Ennemi, on fe formera par Bataillons. Comme rien

n'eſt ſi important que de pouvoir être promptement en bataille, on accoutumera les Troupes à exécuter ces mouvemens avec la plus grande célérité, on donnera auſſi la plus grande attention pour que, dès qu'on rapellera à la tête pour repartir, toutes les Troupes de la Colonne ſe levent & chargent promptement leurs havreſacs, & qu'elles s'ébranlent toutes à la fois dès que l'on battra aux champs; ſans cela, après une halte faite pour raſſembler les Troupes de la Colonne, elles forment une file plus longue en ſe mettant en marche, & ſont moins en ordre qu'elles ne l'étoient en arrivant.

14. La Cavalerie obſervera tout ce qui vient d'être dit ci-deſſus en ce qui peut la regarder; elle marchera toujours par Compagnie, & auſſi-tôt qu'on aura ſonné à cheval, elle viendra prendre la tête ou la queue de ſa Colonne, ſuivant ce qui aura été ordonné.

15. Mrs. les Officiers Généraux, commandans les Colonnes, donneront la plus grande attention à ce qu'elles conservent entre elles pendant toute la marche le terrein nécessaire pour se mettre en bataille au premier ordre.

Une fois pour toutes, dès que les Officiers Généraux commandant les Colonnes auront été avertis qu'ils font proches des Ennemis, ils observeront & feront observer ce qui suit.

I. Ils formeront au moins deux Colonnes de celles qu'ils conduiront, & même davantage si cela est possible, les composant chacune moitié des Troupes de la premiere Ligne, & moitié de la seconde.

II. Ils feront toujours garder d'une Colonne à l'autre les distances nécessaires pour se mettre en bataille tout d'un coup, & toutes les Colonnes à la fois, pour cela ils chargeront un Officier-Major intelligent de marcher entre les deux Colonnes pour les avertir si elles se serroient, ou s'ouvroient trop.

III. Dès qu'on approchera du terrein où l'on voudra se former, ou que par l'approche de l'Ennemi on sera obligé à le faire, les Bataillons & Escadrons se serreront les uns aux autres, ne gardant que douze pas de distance ; les Officiers mettront pied à terre, & au premier commandement les Colonnes se mettront en bataille par un à droite, ou un à gauche.

IV. En même-tems que la premiere Ligne se mettra en bataille, la seconde Ligne & les réserves s'y mettront aussi, gardant trois cens pas de distance d'une Ligne à l'autre, ou les prenant en marchant en avant après que les Lignes seront formées. Tous ces mouvemens se feront aussi vîte qu'il sera possible, & au pas redoublé.

La Cavalerie exécutera la même chose en même-tems, & les Briga-

des

des d'Infanterie deſtinées à couvrir ſon flanc, ſe tiendront en Collones entre les deux lignes d'Infanterie à hauteur du premier Bataillon, qui les fermera & appuyera à la Cavalerie.

16. Avant que de partir du vieux Camp, les Officiers qui feront l'inſpection de leurs Compagnies, en feront en même-temps l'appel qui ſera rendu au Commandant du Régiment.

17. Les Convaleſcens de l'Infanterie marcheront à la queue des campemens conduits par des Officiers, des Sergens & des Caporaux proportionnés à leur nombre, & ils en feront reſponſables.

18. Les Eclopés de la Cavalerie marcheront à la queue de la Colonne des Troupes, conduits par des Officiers & Bas-Officiers ſelon leur nombre.

19. Lorſque les Officiers de l'Etat-Major-Général de l'Infanterie & de la

Cavalerie auront donné le terrein aux Officiers-Majors des Brigades ; ceux-ci poseront des sentinelles tirés des Gardes du Camp, & en environneront leur terrein, afin qu'aucun Fourier, ni convalescent ne puisse s'écarter & courir la campagne ; ces Sentinelles seront relevées à l'arrivée des Troupes par des sentinelles tirées des piquets.

20. Les Officiers Commandans, les pelotons & les Compagnies auront la plus grande attention à ce que les Troupes marchent dans leurs rangs, sans se mêler d'une division à l'autre, & qu'elles conservent leurs distances qui seront de deux pas entre chaque rang.

21. Aucun Soldat, Cavalier, ni Dragon ne pourra quitter son rang, sans en demander la permission auparavant au Commandant de la Compagnie ou du peloton, qui le fera escorter par un Bas-Officier qui en répondra.

22. Si quelque Soldat , Cavalier ou Dragon quittoit son rang sans permission & sans être apperçu, & qu'il désertât ou fut pris par les ennemis, le Lieutenant de la Compagnie qui est à la queue de ladite Compagnie sera puni par ses Officiers supérieurs qui feront tenus d'en rendre compte à Mr. le Maréchal.

Si c'est un Bas - Officier qui marche à la queue de la Compagnie , & qu'il n'empêche pas les Soldats, Cavaliers & Dragons de s'écarter, il sera cassé.

23. Lorsque l'Armée fera halte, l'Armée se formera, ainsi qu'il a été dit au N°. 12. ensuite on fera reposer les Soldats sur leurs armes, la Cavalerie mettra pied à terre, & les Régimens feront environnés de Vedettes & de Sentinelles , afin qu'aucun Soldat, Cavalier , ni Dragon ne puisse s'écarter.

24. Les Vedettes & Sentinelles établies, les Officiers-Majors feront poser

les armes à terre, & les Soldats s'affeye-
ront dans leurs rangs.

Tout Soldat, Cavalier ou Dragon
qui aura befoin de fortir au de-là des
Sentinelles & Vedettes pour quelque
caufe que ce puiffe être, fera toujours
accompagné d'un Bas-Officier.

25. Il fera fait des appels en arrivant aux haltes, en partant defdites
haltes, & en arrivant au nouveau
Camp.

26 Aucune voiture, ni chevaux de
bât, ni mulet ne pourront marcher
avec les Colonnes, ni au campement;
les Officiers - Généraux commandant
les Colonnes, feront arrêter tous ceux
qui s'y trouveront, & conduire au Prévôt, où après avoir été vérifié qu'ils
ont manqué à cet ordre, il fera donné
permiffion de les vendre au profit de
la Troupe qui les aura arrêtés.

27. Un Sergent & un Caporal par
Régiment d'Infanterie, & un Maréchal
des Logis & un Brigadier par Régi-

ment de Cavalerie ou de Dragons aux ordres d'un Officier-Major par Brigade, feront l'arrière-garde de chaque Colonne; ils visiteront les hayes, les chemins creux & les villages, pour voir s'il ne s'y seroit pas caché des Soldats, Cavaliers ou Dragons qui auroient échappé à la vigilance de leurs Officiers, ils les arrêteront & les enverront à leurs Régimens pour qu'ils y soient punis, & à l'égard des Soldats, Cavaliers, Dragons, Vivandiers & Valets qui seroient arrêtés maraudant, ils seront envoiés au Prévôt, pour être punis conformément aux ordres que donnera M. le Maréchal, & proportionnement au délit qu'ils auront commis.

28. Le moment de l'arrivée au Camp étant le plus important pour établir le bon ordre, M$_{rs}$. les Brigadiers & Officiers de l'Etat-Major des Régimens resteront à cheval jusqu'à ce que les tentes soient tendues, & les Senti-

nelles & Vedettes placées, les Officiers des Compagnies ne les quitteront point aussi que cela ne soit exécuté ; & M. le Maréchal ne doute pas que Mrs. les Officiers-Généraux ne donnent cet exemple, en y demeurant eux-mêmes , & qu'ils ne punissent ceux qui se trouveroient en faute ; plus la fatigue aura été grande & le temps mauvais, plus leur exemple sera né-cessaire.

29. Lorsque l'Infanterie arrivera à un nouveau Camp ou le quittera, lors-qu'elle arrivera à une halte ou en parti-ra, les Officiers feront pied à terre, se placeront dans leurs divisions con-formement à l'Ordonnance, & porte-ront leurs armes, ou auront l'épée à la main; M. le Maréchal permettant qu'en toute occasion, ils puissent paroître ainsi à la tête de leurs Troupes.

30. Les jours de marche, le fou-rage qui se trouvera dans le Camp ser-

vira pour ce jour - là : M. le Maréchal ordonne très-expreſſement de ne point le gaſpiller, & de fourager toujours parallelement au front & à la queue du Camp ; il ordonne auſſi de ne point entrer dans les grains pendant la marche.

31. L'intention de M. le Maréchal étant que les Camps ne ſoient plus vendus, il fait les plus ſévères défenſes de les brûler ; tout Régiment, dont le Camp aura été brûlé, payera dix louis, qui ſeront retenus par le Tréſorier de l'Armée ſur ſa ſubſiſtance, pour réparation du dommage ; indépendamment de cette punition, il s'en prendra au Commandant & aux Officiers-Majors des Régimens.

ART. X.

Discipline des Troupes dans le Camp.

1. Par les précautions prises ci-dessus d'environner le Camp de Sentinelles, aucun Soldat, Cavalier, ni Dragon ne pourra en sortir sans être apperçu, il sera donc consigné aux Sentinelles & Vedettes de n'en laisser sortir aucun, à moins qu'un Bas-Officier
ne vienne leur dire qu'elles peuvent le
laisser passer, & ne le conduise.

2. L'intention de M. le Maréchal
n'étant pas de priver les Soldats, Cavaliers & Dragons des ressources qu'ils
pourroient trouver au Quartier-Général; ceux qui auront besoin d'y aller y
feront conduits par des Officiers &
Bas-Officiers, en proportion du nombre; ils assembleront ces Soldats à sept
heures précises du matin, en feront
l'appel, & les conduiront jusqu'à la
porte du Quartier-Général : là ils leur

donneront un rendez-vous pour se raffembler à onze heures, ils en feront de nouveau l'appel, & les rameneront au Camp ; ceux qui y auront manqué feront punis le plus févèrement.

De plus, il y aura un Sergent par Brigade de planton au Quartier-Général, aux ordres du Lieutenant du Roi qui y commandera, pour exécuter les ordres qu'il aura à leur donner, & reconnoître les Soldats, qui ne fe feroient pas trouvés au rendez-vous, qui leur auront été donnés par leurs Officiers.

De tout le refte de la journée, il ne fera plus permis à aucun Soldat, Cavalier ni Dragon de fortir du camp de fon Régiment, à moins d'être conduit par un Bas-Officier.

Les jours de marche, les Soldats, Cavaliers & Dragons feront conduits au Quartier-Général, une heure après l'arrivée des troupes au Camp dans l'ordre qui vient d'être expliqué, & ils feront ramenés de même.

3. Il sera fait quatre appels dans les vingt-quatre heures, aux heures prescrites par M^rs. les Brigadiers, qui auront soin de les indiquer & de les changer souvent; les Officiers des Compagnies seront responsables de l'exactitude de ses appels, & ils seront punis, si l'on arrête des Soldats, Cavaliers ou Dragons qu'ils n'auroient pas dénoncé dans les appels, qui seront envoiés quatre fois par vingt-quatre heures aux Majors des divisions, ceux-ci les feront passer tous les matins au Major-Général, & au Maréchal-Général des Logis de la Cavalerie.

Les Officiers commandés pour faire ces appels, visiteront à chaque fois les marmites, les tentes & les havresacs, pour voir si les Cavaliers, Soldats & Dragons n'auroient pas, parmi leurs hardes, des effets étrangers; s'ils en trouvent, ils feront arrêter ceux à qui ils appartiendront, & conduire au Prévôt : la moindre tolérance de leur part fera punie le plus févèrement.

Si contre toute apparence, il arrivoit que des Bas-Officiers autorifaffent la maraude, en ne déclarant pas les maraudeurs, ils feront caffés & remis à la queue de la Compagnie.

4. Les Officiers - Majors veilleront avec la plus grande exactitude à la propreté du Camp, à ce qu'il foit bien alligné, tendu & détendu promptement & enfemble. A cet effet, dès que les chevaux de peloton feront arrivés, chaque chambrée déployera promptement fes tentes, pour qu'au fignal, qu'un Officier - Major par Brigade fera donner par un Tambour, qui fe tiendra au centre de chaque Bataillon, toutes les tentes s'élevent à la fois.

Pour les détendre, on obfervera que deux hommes par tente fe placent aux deux mats auffitôt que l'affemblée commencera à battre, & que toutes les tentes tombent à la fois lorfque les Tambours cefferont.

5. Les Officiers camperont conformement à l'ordonnance, c'eſt-à-dire, aux diſtances preſcrites, ſans que, ſous aucun prétexte, ils puiſſent aller camper plus loin : en conſéquence, on marquera ces diſtances avec un cordeau, & on mettra des fiches à toutes les places des tentes des Officiers.

Aucun Officier ne pourra loger ſans une permiſſion par écrit du Major-Général & du Maréchal-Général des Logis de la Cavalerie : ceux qui ne ſe conformeront pas à cet ordre, ſeront mis en priſon pour un mois ; & ſi le Commandant & le Major du Régiment n'en avertiſſent pas les Chefs de l'Etat-Major-Général de l'Infanterie & de la Cavalerie, ils en ſeront reſponſables.

Mʳˢ. les Brigadiers & les Majors de diviſions & de Brigade étant les plus néceſſaires au Camp, pour la promptitude & l'exactitude du ſervice, ne pourront jamais loger.

6. Les

6. Les Officiers de Piquet & ceux des Gardes feront, & feront faire de fréquentes patrouilles dans le Camp & dans les environs, pour empêcher les Soldats, Cavaliers, Dragons & Valets de jouer à des jeux défendus ; ceux qu'ils arrêteront feront envoiés au Prévôt, & mis à la chaîne.

Les Commandans des Corps auront aussi la plus grande attention à ce que les Officiers ne jouent point à des jeux de hafard ; ceux qui feront convaincus d'y avoir joué feront mis en prifon ; les Commandans des Corps & les Majors de Brigade feront tenus d'en informer le Major-Général, & le Maréchal-Général des Logis de la Cavalerie.

7. La fûreté de l'Armée exigeant qu'il y ait toujours au Camp un affez grand nombre d'Officiers pour fe mettre à la tête des Troupes, en cas d'évènement, il ne s'en abfentera jamais plus de la moitié, & les Chefs des

Corps en répondront; M. le Maréchal exige aussi d'eux qu'ils ne s'absentent jamais du Camp tous à la fois, & qu'il y reste toujours ou le Colonel ou le Lieutenant-Colonel, ou un Commandant de Bataillon.

Les Aides-Majors de Piquet dans les Brigades, ceux de semaine dans les Régimens, les Officiers premiers & seconds à marcher ne pourront quitter le Camp sous quelque prétexte que ce puisse être.

8. Il sera défendu à tout Soldat, Cavalier, Dragon, Hussard, & valet de vendre du Caffé, il ne leur sera permis de vendre de l'eau de vie, du tabac, du vinaigre & du fromage, &c, que dans le Camp de leur Régiment; il sera ordonné d'arrêter tous ceux qui contreviendront à cet ordre, & de les envoier à leurs Corps pour y être punis.

9. La punition de la Garde du Camp étant absolument contraire au

bien du service à cause des maladies qui en résultent, l'intention de M. le Maréchal est, que l'on n'y mette que ceux qui seront tombés dans des fautes graves, & ils y seront attachés : à l'égard de ceux qui seront dans le cas d'être punis pour des fautes ordinaires, ils seront mis au piquet, qui sera planté dans tous les Régimens, sans exception, employés à tous les travaux du Camp, & chargés de toutes les corvées.

10. On ne battra jamais à l'ordre pendant la nuit pour assembler des Gardes ou Détachemens, afin de ne point réveiller les Troupes, & d'empêcher, les Ennemis d'en avoir connoissance : les Officiers-Majors éveilleront sans bruit les Maréchaux des Logis & les Sergens, & ceux-ci avertiront de même les Soldats à marcher à eurs Compagnies.

21. L'Ordre & le Mot seront donnés tous les matins à onze heures. Si

M. le Maréchal ne fe trouvoit pas au Quartier-Général, le Lieutenant-Gé- néral qui entrera de jour les donnera & expédiera toutes chofes ; les perfon- nes, qui par état doivent s'y trou- yer ne s'en exempteront jamais.

ART. XI.

Des Diftributions.

1. On ne partira jamais du Camp pour aller à quelque diftribution que ce foit, fans que les Soldats, Cava- liers, Dragons & Huffards ne foient affemblés en ordre, & conduits par des Officiers & Bas-Officiers armés.

2. Les Soldats, Cavaliers, Dra- gons & Huffards qui iront à des dif- tributions feront donc conduits par des Officiers & Bas - Officiers qui en répondront, ils feront partagés fui- vant leur nombre en plufieurs divi- fions, & marcheront dans le même

ordre que s'ils étoient sous les Armes.

Arrivés au lieu où la distribution devra se faire, l'Officier qui les commandera les mettra en bataille; la premiere division ira recevoir ce qui devra lui être fourni, après quoi elle reviendra à son poste, la seconde en fera de même & ainsi de suite.

3. La distribution faite, l'Officier ramenera sa Troupe dans le même ordre qu'il l'aura conduite ; ce n'est que par une attention aussi suivie qu'il peut s'assurer des Troupes qui lui sont confiées. M. le Maréchal charge Mrs. les Aides-Majors-Généraux & Aides-Maréchaux des Logis de la Cavalerie de se trouver toujours aux distributions, pour voir si ses intentions seront exactement suivies, & ils lui en rendront compte.

4. Comme il peut être nécessaire-re d'aller à l'eau plusieurs fois dans

la journée, les Soldats, Cavaliers &
Dragons de chaque Compagnie, pourront y aller quand ils en auront besoin,
pourvû qu'ils soient conduits pas un
Bas-Officier armé.

ART. XII.

Des Gardes.

1. Les Officiers commandant les
Gardes seront en tout point responsables des Troupes à leurs ordres ; ils
consigneront une fois pour toutes à
leurs Sentinelles & Vedettes de ne
laisser passer aucun Soldat, Cavalier,
Dragon, Hussard, Vivandier ni Domestique, s'ils n'ont des congés en
bonne forme, & des passeports du
Prévôt, ou s'ils ne sont, en qualité
d'Ordonnances chargés de Commis-
sions particulieres. Les Officiers de
Garde arrêteront donc ceux qui se pré-
senteront pour sortir du Camp, s'ils
n'ont des congés ou des passeports ; ils

examineront tous ceux qui rentreront au Camp, & ils en rendront compte.

2. Les Officiers de garde au Quartier Général feront faire de fréquentes patrouilles jour & nuit pour y maintenir le bon ordre : ces patrouilles arrêteront tous les Vivandiers & Valets , Soldats , Cavaliers Dragons , Huſſards qui s'y trouveront après les heures où ils doivent en être ſortis.

3. Les conſignes feront données par écrit , par les Officiers Généraux & Supérieurs de piquet qui placeront les Gardes ; par le Major-Général , le Maréchal Général des Logis de la Cavalerie , ou les Majors des Brigades qui les fourniront. Les Officiers de garde feront tenus de ſe donner des reçus deſdites conſignes.

4. Tout Officier en arrivant dans ſon poſte s'y retranchera & prendra

les précautions convenables à un homme de guerre.

Celui qui négligera de se retrancher, & qui se trouvera en faute à
cet égard par les Officier Généraux &
par les Officiers supérieurs de Piquet,
sera à la descente de sa garde envoyé
aux arrêts pendant huit jours, & si
les Officiers Généraux s'apperçoivent
de récidive, ils en rendront compte à
Mr. le Maréchal, qui enverra lesdits
Officiers en prison.

5. La Garde du Quartier Général ne prendra les Armes que pour le
Général de l'Armée & les Princes du
sang.

ART. XIII.

Des Détachemens.

1. Tous les Détachemens seront
fournis par Division : ils seront as-
semblés au son de la caisse & non à la
voix. L'Officier Major de piquet de

chaque Divifion fera donner un fignal â la tête des Brigades qui devront
les fournir, & c'eft à lui que l'on s'en
prendra, fi ces Détachemens ne font
pas affemblés à l'heure & à la minute.

2. Les Officiers Commandans des
Détachemens fe tiendront exactement
à leurs poftes, foit que l'on marche,
foit que l'on foit obligé d'attendre,
& ils ne fouffriront pas qu'aucuns
Soldats, Cavaliers, ni Dragon quitte
fon rang ni fes armes, les Troupes
devant être habituées à ne jamais rien
faire fans l'ordre de leurs Officiers.

3. Les Officiers détachés feront
refponfables de la Difcipline des Troupes qu'ils commanderont, ils veilleront donc avec la plus grande attention, à ce qu'elles fe comportent toujours en gens de guerre, & ils les
tiendront avec autant d'ordre qu'au
Camp même. S'ils font en pofte

fixe, ils les feront exercer auſſi ſou‑
vent qu'elles le ſeroient à leurs Régi‑
mens.

ART. XIV.

De la Diſcipline en général.

1. L'Ordonnance du Roi, concer‑
nant les crimes & délits militaires, ſe‑
ra obſervée dans toute ſon étendue,
& tous ceux qui ſe trouveront dans
le cas d'y avoir contrevenu, feront
punis par les peines qui y ſont por‑
tées.

Cette Ordonnance ſera lûe tous
les mois à tous les Cavaliers, Sol‑
dats, Dragons, Huſſards & Valets,
par les Officiers des Compagnies,
afin qu'aucun n'en prétende cauſe d'i‑
gnorance, les Officiers auroient de
grands reproches à ſe faire, ſi faute
de la leur avoir bien expliquée, ils
venoient à y contrevenir.

Dans cette Ordonnance ſont com‑
pris les vols & ceux qui les récelent.

Tout maraudeur, qui pille & force les maifons, & qui enleve les meubles & hardes, eft un voleur ; & il fera pendu en vertu de cette Ordonnance : pareille punition fera infligée à ceux qui tuent ou bleffent méchamment & de guet à pens.

Tout Soldat, Cavalier, Dragon, Huffard, Valet ou Vivandier qui portera des piftolets fur lui, fera puni le plus rigoureufement,

2. Il fera défendu une fois pour toute la campagne, de fortir du Camp, de s'en écarter, d'aller au Campement, ou de refter derriere, d'aller au fourage, à la paille, au bois, à l'eau, fans y être conduit par des Officiers ou Bas-Officiers armés, fuivant le nombre, d'arracher les jallons qui marquent les chemins que doivent tenir les Colonnes, d'arracher aucune haye, poteaux, paliffades, & de prendre aucun bois neuf ou vieux façonné. Comme on ne peut com-

mettre ces fautes contre la diſcipline, que volontairement, il eſt certain que les honnêtes gens ne ſe mettront pas dans ce cas, après avoir été inſtruits des défenſes dont ils ſentiront l'utilité & la néceſſité.

On ne pourra donc regarder ceux qui y contreviendront que comme des gens incapables d'être conduits par la raiſon & par l'honneur, & comme il eſt néceſſaire de les contenir, il ſera bien expliqué par les Officiers à leurs Compagnies & Domeſtiques, que ceux qui contreviendront aux défenſes, ſeront punis par les Caporaux attachés à la Prevôté, ſuivant l'exigence du cas.

A cet effet il a été attaché à la Prevôté douze Caporaux. Les Soldats, Cavaliers, Dragons, Huſſards, Vivandiers & Domeſtiques qui ſeront arrêtés par les Corps, ſeront envoyés au Prevôt, d'où un Détachement les conduira le lendemain à la tête de

leur

leur Régiment à la Garde montante, pour y recevoir la peine qui sera imposée.

Ceux qui auront été arrêtés par des Détachemens d'autres Régimens que les leurs ou par la Prevôté, seront conduits le lendemain à la tête du Camp de de leurs Régimens, & punis à la Garde montante; & il sera remis au Prevôt, par le Major du Régiment, six francs par chaque Soldat, Cavalier, Dragon, Hussard, ou Domestique : cet argent sera retenu à l'Officier commandant la Compagnie, ou au Maître du Valet. Si des Soldats, Cavaliers, Dragons, Hussards, de la même Compagnie, ou Domestiques du même Maître sont arrêtés une seconde fois, il sera payé un louis par homme, & l'Officier ou Maître sera envoyé en prison pour trois mois.

Il sera défendu sous les peines portées par les Ordonnances de marquer des Logemens & d'effacer les noms de ceux qui auront été marqués par les Fouriers de l'Armée.

5. M. le Maréchal ordonne très-expreſſement de faire décharger les Armes avec des tirrebources, & défend de tirer dans le camp.

Mrs. les Commandans des Corps & les Majors veilleront avec ſoin à la diſcipline générale de leurs Régimens, & ils en répondront : ils veilleront auſſi à l'emploi qui ſe fera de la poudre & des Cartouches qui ſeront diſtribuées. Les Majors ſeront toujours en état de donner au Major-Général & au Maréchal--Général des Logis de la Cavalerie un Etat motivé de la conſommation qui en aura été faite, & en cas que les cartouches fuſſent mouillées, ils ſeront tenus de faire rapporter les balles au parc de l'Artillerie, & d'en tirer des reçus, ſans quoi la retenue en ſera faite aux Corps.

4. Nul Officier ne pourra prendre

aucun chariot ni cheval du pays ſous peine de priſon. S'il s'en trouve, qui, par des malheurs arrivés à leurs équipages, aient beſoin de ces ſecours, ils s'adreſſeront aux Chefs de l'Etat-Major - Général, qui leur procureront une permiſſion par écrit, & limitée pour prendre des chariots au parc des voitures, leſquels ſeront payés à raiſon de vingt - cinq ſols par jour pour tout le tems qu'ils ſeront emploiés, ainſi qu'il ſera ſpécifié dans la permiſſion qui leur ſera donnée, après lequel terme expiré, les Officiers qui auront pris des voitures ſeront tenus de les renvoier au parc, & retireront le reçu qu'ils auront donné au Commiſſaire des guerres chargé de ce détail.

Tous les jours de marche, il y aura cinquante Maîtres ou cinquante Dragons, & une Compagnie de Grenadiers aux débouchés des Colonnes, qui exigeront que les conducteurs des chariots montrent la permiſſion qui leur aura été donnée, & qui arrêteront tous ceux qui auront contrevenu à l'Article ci-deſſus.

Ces Détachemens arrêteront auſſi toutes les voitures qui ne feront pas marquées du nom de ceux à qui elles appartiennent, & elles feront vendues à leur profit. Il y aura à la tête des équipages de chaque Régiment un fanion qui fera porté par un des valets que le Major choiſira, fur lequel fanion le nom du Régiment fera écrit.

Le Vaguemeſtre général, celui de chaque Brigade, & ceux des Régimens fe conformeront exactement pour l'ordre néceſſaire dans la marche, à ce qui leur eſt preſcrit dans l'Ordonnance du Service de Campagne.

5. La chaſſe fera généralement défendue à tout ce qui compoſe l'Armée; tout Officier qui fera convaincu d'y avoir été, fera envoié en priſon à Rheinsfels pour tout le reſte de la

campagne, & il peut être fûr, qu'il n'y aura aucune grace à efpérer. A l'égard des Soldats, Cavaliers, Dragons, Huffards, Vivandiers, Chaffeurs & Valets, ils feront punis par les Caporeaux de la Prévôté.

6. Il s'eft gliffé dans l'Armée pendant la campagne derniere des Efpions fous l'habit de Chaffeurs ; pour obvier à cet inconvénient, tout Officier de quelque grade qu'il foit, qui voudra avoir des Chaffeurs, fera tenu de faire mettre fur leur habit une marque fixe qui les faffe connoître pour être à lui, & diftinguer de ceux des ennemis & du pays, fans quoi ils feront arrêtés. Il fera défendu aux Chaffeurs d'aller à la chaffe, fous quelque prétexte que ce puiffe être, fous peine d'être punis, ainfi qu'il vient d'être dit.

7. La plus exacte fubordination fera établie de grade en grade, & les Lieutenans, Sous-Lieutenans & Cornettes feront fubordonnés à leurs Capitaines,

quand même ils ne feroient pas de fervice avec eux.

8. Les ordres qui feront une fois
donnés, ne feront plus renouvellés,
ainſi que les défenſes qui feront une
fois faites ; cependant ils feront toujours obligatoires, & l'on peut être ſûr
qu'aucune faute ne fera impunie.

9. La diſcipline ne pourra jamais
être ſolidement établie ni parfaitement
entretenue, ſi Mrs. les Officiers-Généraux & particuliers ne concourent avec
M. le Maréchal à la maintenir dans
toute ſa force, il ne peut donc trop leur
recommander de punir tous les Soldats, Cavaliers, Dragons, Huſſards &
Domeſtiques qu'ils trouveront en faute, quand même ils ne feroient pas de
leurs Régimens ou diviſions.

De plus M. le Maréchal leur re-
nouvelle de ſe conformer en tout
point aux Ordonnances du Roi, à la
préſente inſtruction & à tous les ordres qui feront donnés pendant le

cours de la Campagne , il les rend responfables de la difcipline des Troupes à leurs ordres , & il défire être dans le cas de n'avoir aucuns reproches à leur en faire.

A Francfort , le 11. Juin 1760.

LE MARÉCHAL DUC DE BROGLIE.

REGLEMENT

FAIT PAR

MR. LE MARÉCHAL

DUC DE BROGLIE,

Concernant les Equipages de Mrs. les Officiers Généraux & Particuliers, & les Voitures qu'il permet aux Vivandiers, Bouchers & Boulangers fuivans l'Armée.

LEs Exemples arrivés depuis le commencement de cette guerre ont prouvé la difficulté de conduire des gros Equipages à la fuite des Armées dans des pays où il n'y a point de chauffée, & où les chemins étant étroits, une feule voiture rompue eft capable d'arrêter fouvent pour longtems toute l'Armée, & d'occasionner par-là les plus grands inconvéniens.

Pour les prévenir & alléger autant qu'il est possible l'Armée, qu'il est bien nécessaire de pouvoir remuer avec célérité, & de mettre en état d'exécuter des marches longues & vives, il a été réglé par M. le Maréchal Duc de Broglie, comment seront composés les Equipages de Mrs. les Officiers Généraux & Particuliers qui serviront dans l'Armée qui est à ses Ordres.

1. Toutes Voitures à roues, quelque dénomination qu'on puisse leur donner, seront interdites à tout Officier au-dessous du grade de Colonel.

2. Il ne sera permis qu'aux Colonels ayant Régimens, d'avoir une voiture à roues.

3. Les Brigadiers & Colonels ayant Régimens, pourront avoir pour

toute voiture une chaiſe à deux roues à l'Italienne, appellée autrement Cambiature ou foufflet , & il en ſera également permis une pareille à chaque Chirurgien Major ; de cette ſorte quatre Officiers malades ou bleſſés par Régiment pourront être tranſportés dans les deux voitures.

4. Il pourra auſſi y avoir par Régiment d'Infanterie de quatre Bataillons , deux Vivandiers , & un ſeulement aux Régimens de deux Bataillons, il leur ſera permis d'avoir un chariot chacun , pourvu qu'il ſoit à quatre roues , & attelé de quatre bons chevaux. Les Majors de Brigade en feront la revue, & feront reſponſables ſi les chevaux ſont mauvais, devant, en ce cas , défendre auxdits Vivandiers de ſuivre leur Régiment, & en avertir le Major - Général. Outre ces Vivandiers, il pourra y avoir un Boucher & un Boulanger par Régiment de quatre Bataillons, qui auront cha-

cun une Voiture à quatre roues, atté-
lée de quatre bons chevaux. Dans
les Régimens de deux Bataillons, le
Boucher & le Boulanger s'entendront
ensemble, & n'auront qu'une voiture
à eux deux attelée aussi de quatre bons
chevaux, de sorte qu'il n'y aura à la
suite de chaque Régiment d'Infanterie de quatre Bataillons, que quatre
voitures, & de ceux de deux Bataillons, que deux seulement attelées de
quatre bons chevaux, comme il a été
dit ci-dessus.

5. Il n'y aura qu'un Vivandier, Boucher ou Boulanger pour deux Régimens de Cavalerie étant moins nom-
breux que ceux d'Infanterie ; ils seront
soumis à ce qui est prescrit dans l'Article précédent pour ceux d'Infanterie,
& les Majors de Brigade en seront responsables.

6. A l'égard de Mrs. les Officiers
Généraux ils pourront avoir, chacun

une berline ou voiture telle qu'ils le jugeront à propos, & un chariot à quatre roues, obfervant cependant que moyennant cela ils ne pourront avoir à leur fuite de charettes de Boulanger ou de Boucher ; excepté feulement ceux qui commanderont des Corps, auxquels il fera alors accordé les permiffions relatives à leurs befons.

7. Quant aux Vivandiers, Bouchers, Boulangers, Marchands de vin, il n'en fera fouffert aucun à la fuite de l'Armée, à moins qu'ils n'ayent été marqués par le Prevôt de l'Armée & qu'ils n'ayent des voitures à quatre roues, attelées de quatre bons chevaux, dont la revue fera faite par le Prevôt, qui fera refponfable, s'il s'en rencontre d'autres.

8. Il fera écrit fur chaque voiture le nom du Régiment ou du Maître auquel elle appartient, & fur celles à la fuite du Quartier Général, il fera écrit

quar-

Quartier-Général & le nom du Vivandier à qui elle séra.

9. Ce reglement n'étant fait que
pour l'utilité du service du Roi, &
le soulagement de l'Armée, Monsieur
le Maréchal avertit qu'il tiendra la
main à ce qu'il soit exécuté à la lettre,
& pour y parvenir plus sûrement, il
sera commandé tous les jours de marche une Compagnie de Grenadiers
pour le campement, une pour l'Arrière-Garde des Troupes de chaque Colonne, & une pour marcher avec les
équipages des Troupes de chaque Colonne. Il leur sera consigné d'arrêter
toutes les voitures qui ne seront pas
marquées, ainsi qu'il a été dit ci-dessus; ou qui le seront du nom des personnes à qui elles ne seront pas per-
mises; ils les rassembleront, s'il y en
a plusieurs, & les conduiront au Quartier-Général, & après qu'il aura été vérifié qu'elles sont dans le cas de la pro-

hibition, elles feront confifquées au profit des Grenadiers qui les auront arrêtés, & il leur fera permis de les vendre fur le champ.

EXTRAIT

DE

L'ORDONNANCE

DU ROI,

Portant Réglement sur le service de l'Infanterie en campagne, du 17 Février 1753.

Des Honneurs Militaires.

LÉ Drapeau blanc ne se portera jamais à aucune Garde, de quelque Régiment qu'elle soit, que lorsque le Colonel la montera pour Sa Majesté & pour Monsieur le Dauphin : bien entendu néanmoins, que si le Colonel étoit absent, on ne porteroit pas moins le Drapeau blanc à la Garde, qu'il devroit monter étant présent.

La Garde des Princes du Sang &
Légitimés de France, & des Maréchaux de France, fera de cinquante
hommes, commandés par un Capitaine & autres Officiers à proportion, avec un Drapeau de couleur &
un Tambour qui battra aux champs.

Le plus ancien des Régimens de
l'Armée la fournira chez le premier
des Princes du Sang; & ceux qui le
fuivront, monteront fuccefivement
chez les autres Princes & chez les Maréchaux de France.

Lorfque les Princes du Sang &
Légitimés de France, & les Maréchaux de France, iront les uns chez
les autres, leurs Gardes prendront les
armes, & les Tambours battront aux
champs.

Les Gardes des Officiers - Généraux
prendront les armes pour les Princes

& Maréchaux de France , lorſqu'ils paſſeront devant elles ; & celles qui auront des Tambours battront aux champs.

Les Tambours battront toujours aux champs pour ceux à qui il ſera dû une Garde avec un Drapeau.

Le Lieutenant - Général comman-dant une Armée en chef, aura pour ſa garde cinquante hommes ſans Dra-peau, commandés par un Capitaine , & le Tambour appellera.

Les Lieutenans-Généraux employés dans les Armées, auront trente hom-mes commandés par un Officier, & le Tambour appellera.

Le Maréchal de Camp qui aura un ordre pour commander en chef un Corps de Troupes, aura trente hom-mes & un Officier , & le Tambour appellera.

Les Maréchaux-de-Camp employés, auront quinze hommes & un Sergent; le Tambour conduira la Garde, & n'y restera pas.

Les Gardes des Officiers-Généraux prendront les armes lorsqu'il passera une troupe devant leur logis; & leur Tambour battra, si cette Troupe marche Tambour battant ou Trompette sonnante.

Le Brigadier d'Infanterie qui aura un ordre pour commander en chef un Corps de Troupes, aura la même Garde qu'un Maréchal-de-Camp employé.

Celui qui commandera une Brigade, aura dix hommes & un Caporal, qui seront fournis par les Troupes de cette Brigade, lorsqu'il sera logé ou campé dans le terrein qu'elle occupera; & comme cette garde ne sera que pour ses équipages, elle ne prendra les armes pour qui que ce soit, & elle se mettra seulement en haye sans armes, lorsque le Brigadier entrera ou sortira.

L'infanterie ne présentera jamais les armes que pour le Roi, Monsieur le Dauphin, les Princes du Sang & Légitimés de France, & les Maréchaux de France.

Toutes les fois que les Princes du Sang & Légitimés de France, & les Maréchaux de France verront les Troupes sous les Armes, ils seront salués du drapeau & de l'esponton.

Un Lieutenant Général commandant en chef, sera salué deux fois de l'esponton; la premiere en entrant en campagne, & la seconde en sortant : il sera salué de même la premiere fois qu'il verra les Troupes dans leurs quartiers d'hiver, & lorsqu'elles en sortiront.

Les Gardes de la tête du Camp prendront les Armes pour les Princes du Sang & Légitimés de France, les Maréchaux de France, & le Commandant de l'Armée ou du Corps de Troupes ; & les Tambours battront aux champs.

Elles se mettront sous les Armes & en haye pour les Lieutenans Généraux & les Maréchaux de Camp de jour ; & le Tambour ne battra pas.

Quant aux Gardes des postes autour de l'Armée, elles prendront les armes dès qu'elles verront venir à elles quatre ou cinq personnes ; & lorsqu'elles les auront fait reconnoître, elles les recevront suivant leurs dignités, battront aux champs pour les Princes du Sang & Légitimés, & pour les Maréchaux de France ; appelleront pour un Lieutenant Général, même quand il commandera l'Armée, & se mettront sous les armes, le Tambour prêt à battre, pour un Maréchal de Camp.

Lorſque les Inſpecteurs généraux & le Major général jugeront à propos de viſiter les poſtes de l'Armée, on leur rendra les honneurs dûs à leurs grades, ſoit qu'ils ſoient de jour ou non.

Les Brigadiers qui les viſiteront, ſeront reçus, la Garde ſe repoſant ſur les armes, l'Officier à la tête, ayant l'eſponton près de lui.

Pour un Colonel qui ira les voir, les Soldats ſe trouveront à leurs armes, qui ſeront à terre; & l'Officier ſera près d'eux pour rendre compte du poſte.

Les Piquets ne rendront aucuns honneurs; & ce qu'ils doivent obſerver lors du paſſage des Princes & Officiers Généraux, eſt expliqué au titre du Piquet.

Il ne ſera donné aucune garde, ni

établi aucune fentinelle à aucuns équipages, autres que celles ordonnées par Sa Majefté ; & fi quelqu'un en exige au-delà de ce qui eft prefcrit, les Majors des Régimens en feront refponfables, s'ils n'en rendent compte auffi-tôt au Major Général.

Ne feront néanmoins comprifes dans cette défenfe, les Gardes qu'il eft d'ufage de donner aux Intendans des Armées, aux Tréforiers & autres, que le Major Général continuera de commander comme par le paffé.

Les Troupes qui fe rencontreront en marche, fe céderont mutuellement la droite.